中國經典大智慧 ③

守信和行義篇

一言九鼎

新雅文化事業有限公司
www.sunya.com.hk

中國經典大智慧③

守信和行義篇

責任編輯：潘曉華
美術設計：陳雅琳
出　　版：新雅文化事業有限公司
　　　　　香港英皇道 499 號北角工業大廈 18 樓
　　　　　電話：（852）2138 7998
　　　　　傳真：（852）2597 4003
　　　　　網址：http://www.sunya.com.hk
　　　　　電郵：marketing@sunya.com.hk
發　　行：香港聯合書刊物流有限公司
　　　　　香港新界大埔汀麗路 36 號中華商務印刷大廈 3 字樓
　　　　　電話：（852）2150 2100
　　　　　傳真：（852）2407 3062
　　　　　電郵：info@suplogistics.com.hk
印　　刷：中華商務彩色印刷有限公司
　　　　　香港新界大埔汀麗路 36 號
版　　次：二〇一七年四月初版

ISBN：978-962-08-6769-9

前言

　　《論語》、《孝經》、《三字經》、《弟子規》、《禮記》等都是中國經典，蘊含了古人的大智慧：「父母教，須敬聽」，告訴子女如何對父母盡孝；「敏而好學，不恥下問」，勸勉人們要虛心向人請教；「非禮勿視，非禮勿聽」，勸戒人們恪守禮義之道，不可胡作妄為。

　　這些名句承載的德育教訓是做人的基本原則，古今中外皆合用，而讓孩子自小閱讀中國經典中的名句，也可為他們日後學習古文打好基礎。

　　《中國經典大智慧》系列共分三冊，精選了五十個中國經典中的名句，培養孩子的個人品德和待人處世的大智慧。每個名句除了附釋義外，還設有三個欄目：「靜思細想」提供思考問題讓孩子自我反省；「活學活用」讓孩子把學習所得運用到日常生活裏面；而「品德故事」則讓孩子以故事中的人物行為作為榜樣或引以為鑒。

　　現在就讓孩子翻開本書，
學習裏面的大智慧吧！

目錄

守信和慎言

誠實和做恰當的事

1. 不說謊話：凡出言，信為先

凡出言，信為先；
詐與妄，奚*可焉？

——《弟子規》

釋義 一個人所說的話，最重要的是誠實、講信用；說謊話或者胡言亂語，怎麼行呢？

*奚，粵音兮。

靜思細想

1 你能做到誠實守信嗎？

2 如果朋友經常向你吹噓或撒謊，你還喜歡跟他做朋友嗎？

3 你向別人撒過謊嗎？

活學活用

1 對任何人都不能說謊。

2 答應過的事就要努力做到。

3 說話前要思考清楚，不要衝口而出。

7

徙木立信

商鞅是戰國時期的政治家。他在秦國當宰相時，為了讓百姓相信並遵守朝廷的法令，就在南門擺了一根木頭，下令誰能將它搬到北門就可以得到十兩黃金。

雖然事情很簡單，但百姓不相信朝廷的法令，沒有人願意嘗試。

後來商鞅把獎金提高到五十兩黃金，終於有一名年輕人來嘗試，完成後果然得到了獎金。

此後，秦國百姓就知道朝廷是言出必行的，而且會認真執行法令。

2. 重視信譽：人而無信，不知其可也

人而無信，不知其可也。

——《論語·為政》

釋義 人如果失去了信譽，真不知道他還怎樣與人交往。

一言九鼎

9

靜思細想

1 你覺得信譽重要嗎？為什麼？

2 如果別人答應你的事沒有做到，你有什麼反應？

3 你答應了別人的事，能全部做到嗎？

活學活用

1 信譽是慢慢累積得來的，但只要一次失信，可能就會嚴重破壞好不容易得來的信譽，所以說話和做事前都要想清楚。

2 要求別人守信時，自己也要說到做到。

3 提醒家人消費時，選擇信譽良好的商店，較有質素保證。

10

皇甫績求責罰

皇甫績是隋朝有名的大臣。在他三歲時，母親帶着他住在外公家，和其他孩子一起上私塾學習。

外公對孩子們的教育非常嚴格，規定誰要是無故不完成作業，就被罰用戒尺重打二十大板。

有一次，皇甫績和他的幾個表兄忘記做功課。外公知道後，便按照規矩每人重打二十大板，只有皇甫績因為年紀實在太小，外公不忍心打他，所以只是告誡他以後不能再犯這樣的錯。

可是皇甫績心裏很不安，覺得自己和表兄們犯了一樣的錯誤，應該也按照規矩被重打二十大板。於是他求表兄們代外公

責打自己，表兄們拗不過他，只好忍痛拿出戒尺打了他二十大板。

後來皇甫績在朝廷裏做了大官，這種從小養成的信守承諾、勇於承認錯誤的品德一直沒有丟棄。

3. 說到做到：一言而非，駟馬不能追

一言而非，駟馬不能追；
一言而急，駟馬不能及。

──《鄧析子·轉辭》

釋義

一句話說錯了，就是套上四匹馬拉的車也不能挽回；
一句衝口而出的話，就是套上四匹馬拉的車也追趕不上。

靜思細想

① 你答應別人的事，都做到了嗎？

② 答應別人要做某件事後，結果卻發現很難辦到，你會怎樣做？

③ 假如沒有做到答應過別人的事，你有及時向別人解釋或道歉嗎？

活學活用

① 說話前，要想清楚自己的話語會帶來什麼後果。

② 如果答應別人的事辦不到，一定要向對方誠懇地說明情況。

③ 如果跟親人或朋友之間發生了不愉快的事，應該停一停，讓大家冷靜一下，待情緒平復下來再處理，不要因一時之氣說出傷害別人的話，更不應吵架。

追趕承諾

　　某大機構的總裁將到一間大學演講，一名商人通過演講會的主辦者約見那名總裁，希望到時向他請教營商的事。總裁答應了，約定在兩點半見面。

　　當天，那名商人一直在大學禮堂外等着，而總裁則興致勃勃地為大學生們演講，不知不覺已超過了與商人約定的時間。

　　忽然，總裁看見一個人從禮堂外推門進來，把一張紙條放在他面前便轉身離去。總裁打開紙條一看，只見上面寫着：「與您相約了今天下午兩點半見面。」總裁這才猛然記起自己答應了別人的事。

　　雖然對方只是一名普通商人，但總裁沒有猶豫，很快便結束了演講。他找到了那名

商人並向他致歉，然後告訴了那名商人想要知道的一切。

　　後來那名商人事業有成了，把這段經歷告訴了他的商界朋友，使他們更加信任那間大機構，願意和它合作，令那大機構的生意額提升不少。

4. 誠心交友：與朋友交，言而有信

與朋友交，言而有信。

——《論語·學而》

釋義

與朋友交往，所説的話要誠實，還要守信用。

17

靜思細想

1 你能真誠對待朋友嗎？

2 當朋友犯錯時，你有沒有主動勸說？

3 你答應朋友的事有沒有做到？

活學活用

1 以真誠對待朋友，朋友開心時一起分享，朋友不開心時給予安慰和幫忙。

2 提醒或勸說朋友時，態度要誠懇有禮，不宜大聲指責，令朋友感到難堪。

3 做朋友可以是一輩子的事，時刻提醒自己要尊重朋友，答應過朋友的事就要盡力做到。

一諾千金

　　成語「一諾千金」是指向人許下的諾言如同黃金般貴重。這個成語故事和秦朝末年一個名叫季布的人有關。

　　季布為人重視承諾，在朋友之間的信譽非常高，當時甚至流傳着這樣的話：得黃金百斤，不如得季布一諾。

　　漢朝皇帝漢高祖劉邦因季布曾刁難自己，氣憤之下，懸賞千兩黃金來捉拿季布。季布的朋友不僅沒有被重金誘惑，還冒着被殺的危險來保護他，更找方法幫他說情，終於使他免遭禍殃。

5. 誠信守時：有所期約，時刻不易

有所期諾，纖毫必償；
有所期約，時刻不易。

——（宋）袁采《袁氏世範·處己》

釋義 只要承諾了，即使是多微小的事情也要做到；只要約定了時間，那就一分一秒也不能更改。

靜思細想

1 你有沒有賴牀的習慣？

2 你上學或上興趣班時會遲到嗎？

3 和別人約定了時間，你都按時赴約了嗎？

活學活用

1 養成早睡早起的習慣，每天鬧鐘響起時就要趕緊起牀，不要拖拖拉拉。

2 與人相約時，要想清楚自己能不能做到，或者有沒有其他約會，以免約好後要更改約會時間。

3 提早出門，避免因交通擠塞或其他事情而遲到。

守信的魏文侯

魏文侯是戰國時期魏國的君主。有一次，魏文侯和管理皇家園林的小官員約定了到園林打獵的時間。到了那天，天氣突然轉壞，魏文侯卻依然準備前去皇家園林，官員們都勸他不要去。

魏文侯説：「我已經和別人約好了時間，雖然天氣突然轉壞，但怎能不通知人就失約了呢？」説完便自己駕着馬車，頂着大風趕去皇家園林，告訴那小官員取消這次的打獵活動。

6. 不輕易許諾：輕諾必寡信

夫輕諾必寡信，多易必多難，是以聖人猶難之，故終無難矣。

——（東周）老子《道德經》

釋義 輕易許下的諾言，必定很少能夠兌現；經常把事情想得很容易的，辦起來必定遇上很多困難。因此聖人總是事前把可能遇上的困難想得透徹，並思考解決方法，這樣他們最後辦事時就沒有困難。

靜思細想

1. 你會不會輕易向別人許下諾言？

2. 做事之前，你有沒有考慮清楚可能會遇上的困難？

3. 如果你遇到困難，會怎樣解決？

活學活用

1. 沒有把握做到的事就不能隨便答應。

2. 當遇上困難和需要做重要決定時，可以向老師、父母請教，他們的經驗比你豐富，可以為你提供意見和幫忙。

3. 做事之前要有周詳的計劃，考慮可能會遇上的困難，並思考應對方法。

紙上談兵

　　成語「紙上談兵」是指在紙上談論用兵之道，比喻空談理論，不能解決實際問題。這個成語是和戰國時期，趙國大將軍趙奢的兒子趙括有關。

　　趙括從小熟讀兵書，最喜歡與人談論軍事，而且經常引經據典，說得頭頭是道，不少人都覺得他是大將之才。然而，他的父親趙奢很是擔憂，認為兒子性情驕躁，不適合當將軍。

　　後來，趙奢去世，秦國的軍隊進攻趙國，朝廷派遣廉頗負責指揮全軍。雖然廉頗年紀老邁，但打仗仍然很有辦法，使得秦軍無法取勝。

　　秦國知道久戰下去對自己不利，就派人

25

到趙國散布謠言，說：「秦軍最害怕趙奢的兒子趙括將軍。」趙王聽後真的上當，派出趙括替代廉頗指揮軍隊。

趙括自認為很會打仗，不聽別人勸告，依照兵書上所言行軍打仗，也不知道要靈活變通，結果四十多萬趙軍盡被秦軍殲滅，他自己也中箭身亡。

7. 不胡亂傳話：知未的，勿輕傳

見未真，勿輕言；
知未的，勿輕傳。

——《弟子規》

 釋義

沒有看到真相之前，不要隨便亂說；沒有明確了解事情前，
不要任意傳播開去。

27

靜思細想

1. 別人跟你說的話,你有沒有經過自己的理性分析才下判斷?

2. 從別人那裏聽到一件事後,你會馬上轉告其他人嗎?

3. 你誤信過什麼傳言嗎?你覺得傳言對人,甚至社會氣氛有什麼影響?

活學活用

1. 還沒有徹底了解事情之前,不要隨便下判斷,更不要跟別人亂說。

2. 現今網絡世界發達,任何人都可以在互聯網上隨便發表言論,因此要學會分析這些言論是真是假,不要盲目盡信。

3. 如果對事情有懷疑,就要自己尋求真相:可以從書本中找資料,或向師長請教。

三人成虎

　　成語「三人成虎」是指三個人謊稱城裏出現老虎，聽的人就信以為真。比喻一個謊言說得多了，人們就會相信。這故事跟戰國時期魏國大臣龐葱有關。

　　龐葱出使趙國前問魏王：「如果有人說，集市的大街上出現老虎，大王相信嗎？」

　　魏王說：「一個人來報，我不相信；兩個人來報，我會心存懷疑；若是三個人都這樣說，我就會相信了。」

　　龐葱勸魏王不要相信謠言，一定要相信他。但當龐葱出使趙國之後，關於龐葱的謠言一再出現，魏王最終還是不再相信龐葱了。

8. 實話實說：惟其是，勿佞巧

話說多，不如少；
惟其是，勿佞巧。

——《弟子規》

釋義 多說話不如少說話；說的話要有道理，符合事實，千萬不要花言巧語。

靜思細想

1 你在別人面前炫耀和吹噓過自己嗎？

2 父母、師長問你的話，你有沒有如實回答？

3 你覺得自己做到以誠待人嗎？

活學活用

1 言多必失，說話要小心謹慎。

2 遇上自己不懂得的事就坦白告訴別人，不要弄虛作假。

3 犯了過錯就要勇於承認，不能推卸責任。

巧言救殷模

諸葛瑾是三國時期孫權的大臣，平日說話不多，但常常在緊要關頭，幾句話就能解決問題。

有一次，校尉殷模被孫權誤會而要殺頭，眾人都向孫權求情，只有諸葛瑾一言不發，令孫權感到很奇怪。

諸葛瑾解釋：「我與殷模聽說主上賢明，所以前來投奔您，現在殷模辜負了您的期望，我又怎能為他請求寬恕呢？」

短短幾句話就讓孫權想到殷模遠道前來投奔自己的事，那麼即使犯了一些小過錯也不致於要判死罪，應該可以獲得原諒，於是就赦免殷模了。

9. 不說髒話：刻薄語，穢污詞

刻薄語，穢污詞；
市井氣，切戒之。

——《弟子規》

釋義 尖酸刻薄和骯髒下流的話語，千萬不能說出口；粗俗的市井習氣，切記要戒掉。

 靜思細想

1. 你試過大聲指斥別人嗎？

2. 你有沒有用一些不好的話語評論別人？

3. 你有沒有說過粗言穢語？

活學活用

1. 不給別人起不雅的外號。

2. 對人說話要謙虛有禮，語氣平和。

3. 和人交往時，多說一些正面的、鼓勵的話語。

禰*衡的遭遇

　　東漢時期的才子禰衡學識過人，但他恃才傲物，最終因多次口出惡言而招致殺身之禍。

　　江夏太守黃祖對禰衡的辦事能力非常滿意，一直禮待於他。可是有一次，黃祖在船上宴請賓客時，禰衡舉止不當，而且說話無禮，令黃祖十分難堪，於是呵斥禰衡要注意言行。

　　可是，禰衡竟回罵黃祖：「死老頭，你少囉嗦！」黃祖勃然大怒，命手下把他拉下去鞭打，但禰衡仍不知收斂，罵得更是屬害，最終黃祖氣得命人把他殺掉了。

*禰，粵音尼。

10. 誠實考試：多虛不如少實

多虛不如少實。

—— 中國諺語

釋義

再多的虛假也不如一丁點的誠實可貴。

靜思細想

1. 考試前，你有努力溫習嗎？

2. 你試過抄襲功課、考試作弊嗎？

3. 做功課或考試時遇上不懂得回答的問題，你會怎樣做？

活學活用

1. 考試時要坐得端正，不要東張西望，避免引起作弊的誤會。

2. 考試期間聽清楚老師的指示，宣布開考時才能動筆；宣布考試時間結束時必須把筆放下。

3. 做功課遇上不明白的地方，可以跟同學討論或向師長請教；考試時遇上不懂得回答的問題，盡自己所能，嘗試寫上答案，不要放棄答題。無論是什麼情況，都不能抄襲別人的功課和考卷。

誠實的晏殊

　　晏殊是北宋時期著名的文學家，自小聰明好學，少年時已獲推薦前往京師參加科舉考試。

　　晏殊才學過人，在數千名考生中輕鬆脫穎而出。接著，他要準備由皇帝親自出題的殿試了。

　　當晏殊應考殿試時，看了考卷一眼便說：「我曾經做過這些題目，請用別的題目考我吧。」

　　皇帝知道後十分欣賞晏殊的誠實，就與大臣們商議，出了一條更艱深的題目給他。

　　不過，那條題目依然難不倒晏殊，他很快便完成作答。皇帝看過後非常滿意，便封他為官了。

11. 不貪錢財：君子愛財，取之有道

君子愛財，取之有道。

——《增廣賢文》

釋義 君子雖然也喜歡錢財，但只取合乎道義的錢財，絕不拿取不義之財。

靜思細想

1. 在公共場所看見別人遺下的財物時，你會怎樣做？

2. 發現收銀員找錯錢時，你會主動告訴對方嗎？

3. 離開商店時，如果發現不小心把未付款的貨品帶走了，你會怎樣做？

活學活用

1. 在公共場所看見別人遺下的財物時，應馬上通知附近的職員或交給警察處理。

2. 看見別人的背包拉鏈未拉上，可以禮貌地提醒別人把拉鏈拉上。

3. 把零用錢儲起來，養成儲蓄的好習慣。

4. 購物前要想清楚該物品是否必需品，並要量入為出，學習理財。

少年代買啤酒

　　從前有幾名攝影師到喜馬拉雅山上工作，他們請當地的一名少年代買啤酒，那少年答應了，並為此走了三個多小時的路程。

　　第二天，攝影師們再把錢交給少年，請他幫忙買十瓶啤酒，但這次少年很久也沒回來，攝影師們便推測他把錢拿走後再也不回來了。

　　隔天晚上，那少年終於回來。原來他在一個地方只購得四瓶啤酒，所以他又翻了一座山，過了一條河，才購得另外六瓶。少年的舉動令攝影師們非常感動，並為之前的推測而慚愧不已。

誠實和做恰當的事

12. 樂於助人：君子成人之美

君子成人之美，
不成人之惡。
小人反是。

——《論語·顏淵》

 釋義 君子經常幫助別人，成全別人的好事，不會從中破壞，而小人則完全相反。

靜思細想

1. 你幫助過別人嗎？幫助別人後，
   你有什麼感受？

2. 看見同學獲得稱讚，你會嫉妒嗎？

3. 如果知道同學犯了錯，你會怎樣做？

活學活用

1. 盡自己的能力，多些幫助別人。

2. 經常將心比心對待別人，例如自己犯了過錯時希望
   獲得別人原諒，同樣道理，別人知錯後誠心道歉，
   自己也應寬恕別人，給予對方改過的機會。

3. 朋友犯錯時應及時提醒或勸說，不應幫忙遮掩過錯。

誠實和做恰當的事

將心比心

　　有一天，陳太太去百貨公司購物，當她經過一間售賣按摩椅的商店時，店內一名年輕的銷售員拿着一份按摩椅的推廣資料走上前，紅着臉，結結巴巴地跟陳太太說：「太太，今天我們店裏……裏做推廣，這張按摩椅以特價發售，你……你有興趣了……了解一下嗎？」說完，他就緊張地望着陳太太。

　　陳太太微笑着說：「好啊。」

　　最初，銷售員還是一邊介紹，一邊緊張得冒汗，但看見陳太太一直保持微笑，心情就慢慢放鬆下來，話也說得流利了。

　　最後陳太太買了那張按摩椅，銷售員喜出望外，連連道謝。

陳太太微笑着説：「其實我的女兒也是一名銷售員，今天是她第一天上班，我也希望她能遇上像我這樣的客人，給予她鼓勵和信心呢。」

13.

盡心助人：為人謀而不忠乎

曾子曰：「吾日三省吾身：為人謀而不忠乎？與朋友交而不信乎？傳不習乎？」

——《論語·學而》

釋義

曾子説：「我每天都會多次反省自己：為人辦事時做到盡心竭力了嗎？與朋友交往時做到誠實守信了嗎？老師所教的知識已經複習了嗎？」

白省

靜思細想

1 看見別人有困難時，你有沒有主動幫忙？

2 你是否做任何事情都全力以赴，做到最好？

3 你有沒有參加義工活動呢？

活學活用

1 如果別人需要幫助的事情超出自己的能力範圍，你可以幫忙找合適的人前來協助。

2 幫忙處理班務時，無論老師是否在場都要同樣認真。

3 幫助別人不求回報。

莊子借糧

莊子是戰國時期著名的思想家和文學家，也是道家的代表人物。

莊子家境清貧，有一次實在窮得沒錢買糧食，只好向負責監理河道的官員——監河侯借糧應急。監河侯答應了，卻說要收到租金後才借銀兩給他買糧食。

莊子氣得不得了，就打了一個比方說：「我昨天在地上看見一條魚，他跟我說自己是東海海神的臣子，不小心落入凡間。現在他快缺水死了，想請我給他一點點水來活命。」

監河侯問：「那你怎樣做呢？」

莊子說：「我說可以，讓我去勸說吳國和越國的國君，請他們引江水到來吧！」

監河侯聽了，搖搖頭說：「你怎能這樣說呢？」

莊子說：「是啊，那條魚十分生氣，說他只需一點點水就能活命，而我所說的引水全是空話，等到把水引來，他早就成死魚了！」

莊子這個故事是比喻有心助人的話，要及時伸出援手，不能只說空話。故事雖短，卻發人深省。

14. 努力行善：勿以善小而不為

勿以惡小而為之，
勿以善小而不為。
唯賢唯德，能服於人。

——（晋）陳壽《三國志·蜀書·先主傳》

釋義

不要以為壞事很小就去做，不要以為很細微的好事就不去做。只有為人賢德，才能讓人佩服。

靜思細想

1. 你覺得什麼人能獲得人們的衷心敬佩？

2. 同學忘了帶鉛筆，你會借給他嗎？

3. 如果看見地上有一張廢紙，你會撿起來放進垃圾箱嗎？

活學活用

1. 在生活中，主動去做一些舉手之勞的好事。

2. 常懷樂於服務別人的心，不計較得失。

3. 經常提醒自己，壞事沒有大小之分，不好的事情千萬不要做。

價值一杯牛奶的手術費

從前有一個窮少年，為了生活而挨家挨戶地推銷商品，但銷情一直不理想，所以經常捱餓。

一天傍晚，他還是沒能售出一件商品，長期以來的困苦生活令他開始對人生感到絕望。他抱着最後一絲希望敲響一戶人家的大門，希望屋主能給他一杯水喝。開門的是一名年輕女子，她給了那少年一杯熱牛奶，令少年感激萬分。

許多年後，那少年成了著名的外科醫生。有一天，他準備為一名患重病的婦人動手術時，發現她就是曾經幫助過自己的人。正是當年那一杯小小的熱牛奶，使他對人生重拾希望。

手術很順利，婦人回復健康了。當她正為昂貴的手術費發愁時，卻在賬單上看到一行字：

　　手術費 ＝ 一杯牛奶。

治理天下的開端

　　東漢末年有一名大臣叫陳蕃，他從小就決心要為朝廷效力，但他自命不凡，所以很多細微的好事也不屑去做。

　　有一天，陳蕃父親的老朋友薛勤來訪，經過陳蕃的庭院時，看見裏面雜草叢生，便問陳蕃：「為什麼有客人到訪，你也不打理一下你的院子呢？」

　　陳蕃答：「大丈夫應以掃除天下禍患為己任，何必理會打理院子這等小事？」

　　薛勤反問：「連一個院子也打理不好，又怎能治理天下？」陳蕃無言以對。

借人物，及時還；
後有急，借不難。

——《弟子規》

誠實和做恰當的事

釋義　借了別人的東西，要按時歸還，以後若有急用，再借就不難了。

 靜思細想

1 向別人借東西後，你有沒有按時歸還？

2 如果未能按時歸還，你會怎樣做？

3 你有好好珍惜借用的物品嗎？

活學活用

1 養成有借有還的好習慣。

2 如果有事耽誤，未能按時歸還，應該誠懇地向對方說明原因。

3 不要塗污或弄壞借用的物品。如果不小心弄壞了，就要親自跟別人道歉，希望獲得原諒。

宋濂借書

宋濂是元末明初一位著名的學者，從小熱愛讀書，但家裏很窮，買不起書，只好到處向人借書來看。

宋濂聽說鄭老先生家中藏書豐富，便前去向他借書。鄭老先生最初不想答應，但又推卻不了，便設了個限期，要宋濂在十天之內把書歸還。

到了第十天早上，大雪紛飛，鄭老先生以為宋濂不會來還書了，沒想到宋濂卻冒雪來到鄭老先生的家，歸還書本。

鄭老先生很感動，決定讓宋濂以後隨時到他家裏來看書，並不再限定還書時間了。

16.

常懷感恩：人之有德於我也，不可忘也

人之有德於我也，不可
忘也；吾有德於人也，
不可不忘也。

——（漢）劉向《戰國策·魏策》

別人對我有恩德，我千萬不可忘記；我對別人有恩德，就
應該把它忘記。

靜思細想

1. 誰給你一個溫暖舒適的家？

2. 誰教授你各種知識，讓你成為一個有學問的人？

3. 當你享用美味的食物時，應該感謝誰？

4. 當你走在乾淨整潔的街道上時，應該感謝誰？

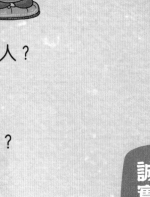

📖 活學活用

1. 緊記擁有舒適的生活並不是必然的事，也不是人人都有這個機會。多留意國際新聞，不分國籍、種族，在自己有能力時盡力幫助有需要的人。

2. 感謝別人的話語不要放在心中，應該向對方說出來。

3. 學會發掘和欣賞別人的優點，多些讚美別人。

4. 遇上困難和不開心的事情時，多從正面角度思考，並積極尋求解決方法，不要只坐着抱怨。

一飯之恩

　　韓信是漢朝著名的將軍，但他並非生來就一帆風順。他少年時因家中貧寒，經常到別人家白吃白喝，所以很不受歡迎。

　　一名經常在淮水邊上洗衣的老婦人見韓信可憐，就把自己的飯菜分給他吃，天天如此，從未間斷，令韓信大為感動。

　　到韓信為國家立了大功，獲封為淮陰侯後，始終沒有忘記那名老婦人的恩德，還派人四處尋找她，最後以千金相贈，以示感謝。

勿忘感恩

據說美國前總統羅斯福家中曾被盜竊，失去了許多東西，他的一位朋友知道後連忙寫信安慰他。

羅斯福在回信時，除了感謝朋友的關心外，還寫道：「我現在很好，這要感謝上帝：第一，賊人偷去的是我的財物，而沒有傷害我的生命；第二，賊人只偷去我部分的財物，而不是全部；第三，最值得慶幸的是，做賊的是他，而不是我。」

羅斯福懂得感恩、樂觀積極的處世態度很值得人們學習呢。

報效祖國：國耳忘家，公耳忘私

國耳忘家，公耳忘私。

——（漢）班固《漢書·賈誼傳》

釋義 為了國事而忘記家事，為了公事而忘記私事。形容為了國事和公事而盡心盡力。

靜思細想

1. 你知道中國國旗是什麼樣子的嗎？
國旗上的圖案有什麼含義呢？

2. 你會唱中國的國歌嗎？

3. 如果你是班長，你會公平處事，盡心盡力為老師和
同學服務嗎？

活學活用

1. 升國旗和唱國歌時要肅立，不可嬉皮笑臉。

2. 要有貢獻社會、報效祖國的心。

3. 多看與祖國有關的圖書或影片，加深對祖國的認識。

大禹治水

相傳在遠古時代，洪水氾濫成災，百姓痛失家園，還造成大量人命傷亡。禹不忍百姓受苦，立志要治好水患，讓所有人可以安居樂業。

十三年來，禹忙於處理水患，三次路過家門都沒有進去，連妻子產下兒子時也未能抽空探望。

經過禹多年努力，各地水患終於解除，百姓從此可以安心居住了。

為了感念禹的恩德，百姓尊稱他為「大禹」，即「偉大的禹」。